& HAUSHALTSBUCH

Januar — Lisa's AUSGABEN

TAG	LEBENSERHALTUNG		FREIZEIT		MOBILITÄT		SONSTIGES	
	AUSGABE	€	AUSGABE	€	AUSGABE	€	AUSGABE	€
2.1.	Miete	840						
2.2.	Einkauf	43,65	Kino	24,60	Bus	8,40		
4.1.							Geschenk	12
6.1.	Brot+Eier	2,30			Tanken	20		
7.1.	Einkauf	34,23						
SUMME:		920,18€		24,60€		28,40€		12€

GESAMT: 985,18€

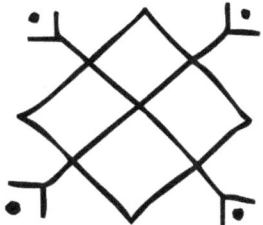

_____ 's AUSGABEN

TAG	LEBENSERHALTUNG		FREIZEIT		MOBILITAT		SONSTIGES	
	AUSGABE	€	AUSGABE	€	AUSGABE	€	AUSGABE	€

SUMME: _____   _____   _____   _____

GESAMT:

_____'s AUSGABEN

TAG	LEBENSERHALTUNG		FREIZEIT		MOBILITÄT		SONSTIGES	
	AUSGABE	€	AUSGABE	€	AUSGABE	€	AUSGABE	€

SUMME: _____ _____ _____ _____

GESAMT:

_____'s AUSGABEN

TAG	LEBENSERHALTUNG		FREIZEIT		MOBILITAT		SONSTIGES	
	AUSGABE	€	AUSGABE	€	AUSGABE	€	AUSGABE	€

SUMME: _____ _____ _____ _____

GESAMT: ☐

_____'s AUSGABEN

TAG	LEBENSERHALTUNG		FREIZEIT		MOBILITÄT		SONSTIGES	
	AUSGABE	€	AUSGABE	€	AUSGABE	€	AUSGABE	€

SUMME: _____ _____ _____ _____

GESAMT:

_____'s AUSGABEN

TAG	LEBENSERHALTUNG		FREIZEIT		MOBILITAT		SONSTIGES	
	AUSGABE	€	AUSGABE	€	AUSGABE	€	AUSGABE	€

SUMME: _____   _____   _____   _____

GESAMT:

_____'s AUSGABEN

TAG	LEBENSERHALTUNG		FREIZEIT		MOBILITÄT		SONSTIGES	
	AUSGABE	€	AUSGABE	€	AUSGABE	€	AUSGABE	€

SUMME: _____   _____   _____   _____

GESAMT:

_____'s AUSGABEN

TAG	LEBENSERHALTUNG		FREIZEIT		MOBILITÄT		SONSTIGES	
	AUSGABE	€	AUSGABE	€	AUSGABE	€	AUSGABE	€

SUMME: _____ _____ _____ _____

GESAMT: [ ]

_____'s AUSGABEN

TAG	LEBENSERHALTUNG		FREIZEIT		MOBILITAT		SONSTIGES	
	AUSGABE	€	AUSGABE	€	AUSGABE	€	AUSGABE	€

SUMME: _____ _____ _____ _____

GESAMT:

_____'s AUSGABEN

TAG	LEBENSERHALTUNG		FREIZEIT		MOBILITÄT		SONSTIGES	
	AUSGABE	€	AUSGABE	€	AUSGABE	€	AUSGABE	€

SUMME: _____ _____ _____ _____

GESAMT: [ ]

_____'s AUSGABEN

TAG	LEBENSERHALTUNG		FREIZEIT		MOBILITAT		SONSTIGES	
	AUSGABE	€	AUSGABE	€	AUSGABE	€	AUSGABE	€

SUMME: _____   _____   _____   _____

GESAMT:

_____'s AUSGABEN

TAG	LEBENSERHALTUNG		FREIZEIT		MOBILITAT		SONSTIGES	
	AUSGABE	€	AUSGABE	€	AUSGABE	€	AUSGABE	€

SUMME: _____   _____   _____   _____

GESAMT: ☐

_____'s AUSGABEN

TAG	LEBENSERHALTUNG		FREIZEIT		MOBILITAT		SONSTIGES	
	AUSGABE	€	AUSGABE	€	AUSGABE	€	AUSGABE	€

SUMME: _____ _____ _____ _____

GESAMT:

_____'s AUSGABEN

TAG	LEBENSERHALTUNG		FREIZEIT		MOBILITAT		SONSTIGES	
	AUSGABE	€	AUSGABE	€	AUSGABE	€	AUSGABE	€

SUMME: _____   _____   _____   _____

GESAMT: ☐

_____'s AUSGABEN

TAG	LEBENSERHALTUNG		FREIZEIT		MOBILITAT		SONSTIGES	
	AUSGABE	€	AUSGABE	€	AUSGABE	€	AUSGABE	€

SUMME: _____ _____ _____ _____

GESAMT:

_____'s AUSGABEN

TAG	LEBENSERHALTUNG		FREIZEIT		MOBILITÄT		SONSTIGES	
	AUSGABE	€	AUSGABE	€	AUSGABE	€	AUSGABE	€

SUMME: _____ _____ _____ _____

GESAMT:

_____'s AUSGABEN

TAG	LEBENSERHALTUNG		FREIZEIT		MOBILITAT		SONSTIGES	
	AUSGABE	€	AUSGABE	€	AUSGABE	€	AUSGABE	€

SUMME: _____   _____   _____   _____

GESAMT:

_____'s AUSGABEN

TAG	LEBENSERHALTUNG		FREIZEIT		MOBILITAT		SONSTIGES	
	AUSGABE	€	AUSGABE	€	AUSGABE	€	AUSGABE	€

SUMME: _____   _____   _____   _____

GESAMT: ☐

_____'s AUSGABEN

TAG	LEBENSERHALTUNG		FREIZEIT		MOBILITAT		SONSTIGES	
	AUSGABE	€	AUSGABE	€	AUSGABE	€	AUSGABE	€

SUMME: _____ _____ _____ _____

GESAMT:

_____'s AUSGABEN

TAG	LEBENSERHALTUNG		FREIZEIT		MOBILITAT		SONSTIGES	
	AUSGABE	€	AUSGABE	€	AUSGABE	€	AUSGABE	€

SUMME: _____   _____   _____   _____

GESAMT: ☐

_____'s AUSGABEN

TAG	LEBENSERHALTUNG		FREIZEIT		MOBILITAT		SONSTIGES	
	AUSGABE	€	AUSGABE	€	AUSGABE	€	AUSGABE	€

SUMME: _____ _____ _____ _____

GESAMT: [ ]

_____'s AUSGABEN

TAG	LEBENSERHALTUNG		FREIZEIT		MOBILITAT		SONSTIGES	
	AUSGABE	€	AUSGABE	€	AUSGABE	€	AUSGABE	€

SUMME: _____ _____ _____ _____

GESAMT: ☐

_____'s AUSGABEN

TAG	LEBENSERHALTUNG		FREIZEIT		MOBILITÄT		SONSTIGES	
	AUSGABE	€	AUSGABE	€	AUSGABE	€	AUSGABE	€

SUMME: _____ _____ _____ _____

GESAMT: [ ]

_____'s AUSGABEN

TAG	LEBENSERHALTUNG		FREIZEIT		MOBILITAT		SONSTIGES	
	AUSGABE	€	AUSGABE	€	AUSGABE	€	AUSGABE	€

SUMME: _____   _____   _____   _____

GESAMT: ☐

_____'s AUSGABEN

TAG	LEBENSERHALTUNG		FREIZEIT		MOBILITÄT		SONSTIGES	
	AUSGABE	€	AUSGABE	€	AUSGABE	€	AUSGABE	€

SUMME: _____ _____ _____ _____

GESAMT:

_____'s AUSGABEN

TAG	LEBENSERHALTUNG		FREIZEIT		MOBILITAT		SONSTIGES	
	AUSGABE	€	AUSGABE	€	AUSGABE	€	AUSGABE	€

SUMME: _____ _____ _____ _____

GESAMT:

_____'s AUSGABEN

TAG	LEBENSERHALTUNG		FREIZEIT		MOBILITAT		SONSTIGES	
	AUSGABE	€	AUSGABE	€	AUSGABE	€	AUSGABE	€

SUMME: _____   _____   _____   _____

GESAMT: ☐

_____'s AUSGABEN

TAG	LEBENSERHALTUNG		FREIZEIT		MOBILITAT		SONSTIGES	
	AUSGABE	€	AUSGABE	€	AUSGABE	€	AUSGABE	€

SUMME:

GESAMT:

_____'s AUSGABEN

TAG	LEBENSERHALTUNG		FREIZEIT		MOBILITÄT		SONSTIGES	
	AUSGABE	€	AUSGABE	€	AUSGABE	€	AUSGABE	€

SUMME: _____

GESAMT:

_____'s AUSGABEN

TAG	LEBENSERHALTUNG		FREIZEIT		MOBILITAT		SONSTIGES	
	AUSGABE	€	AUSGABE	€	AUSGABE	€	AUSGABE	€

SUMME: _____   _____   _____   _____

GESAMT: [ ]

_____ 's AUSGABEN

TAG	LEBENSERHALTUNG		FREIZEIT		MOBILITAT		SONSTIGES	
	AUSGABE	€	AUSGABE	€	AUSGABE	€	AUSGABE	€

SUMME: _____ _____ _____ _____

GESAMT:

_____'s AUSGABEN

TAG	LEBENSERHALTUNG		FREIZEIT		MOBILITÄT		SONSTIGES	
	AUSGABE	€	AUSGABE	€	AUSGABE	€	AUSGABE	€

SUMME: _____ _____ _____ _____

GESAMT:

_____'s AUSGABEN

TAG	LEBENSERHALTUNG		FREIZEIT		MOBILITÄT		SONSTIGES	
	AUSGABE	€	AUSGABE	€	AUSGABE	€	AUSGABE	€

SUMME: _____ _____ _____ _____

GESAMT:

_____'s AUSGABEN

TAG	LEBENSERHALTUNG		FREIZEIT		MOBILITAT		SONSTIGES	
	AUSGABE	€	AUSGABE	€	AUSGABE	€	AUSGABE	€

SUMME: _____ _____ _____ _____

GESAMT:

_____'s AUSGABEN

TAG	LEBENSERHALTUNG		FREIZEIT		MOBILITAT		SONSTIGES	
	AUSGABE	€	AUSGABE	€	AUSGABE	€	AUSGABE	€

SUMME: _____ _____ _____ _____

GESAMT:

_____'s AUSGABEN

TAG	LEBENSERHALTUNG		FREIZEIT		MOBILITAT		SONSTIGES	
	AUSGABE	€	AUSGABE	€	AUSGABE	€	AUSGABE	€

SUMME: _____ _____ _____ _____

GESAMT: [   ]

_____'s AUSGABEN

TAG	LEBENSERHALTUNG		FREIZEIT		MOBILITÄT		SONSTIGES	
	AUSGABE	€	AUSGABE	€	AUSGABE	€	AUSGABE	€

SUMME: _____ _____ _____ _____

GESAMT: ☐

_____'s AUSGABEN

TAG	LEBENSERHALTUNG		FREIZEIT		MOBILITÄT		SONSTIGES	
	AUSGABE	€	AUSGABE	€	AUSGABE	€	AUSGABE	€

SUMME: _____ _____ _____ _____

GESAMT:

_____'s AUSGABEN

TAG	LEBENSERHALTUNG		FREIZEIT		MOBILITAT		SONSTIGES	
	AUSGABE	€	AUSGABE	€	AUSGABE	€	AUSGABE	€

SUMME: _____   _____   _____   _____

GESAMT: [   ]

_____'s AUSGABEN

TAG	LEBENSERHALTUNG		FREIZEIT		MOBILITAT		SONSTIGES	
	AUSGABE	€	AUSGABE	€	AUSGABE	€	AUSGABE	€

SUMME: _____ _____ _____ _____

GESAMT: [   ]

_____'s AUSGABEN

TAG	LEBENSERHALTUNG		FREIZEIT		MOBILITAT		SONSTIGES	
	AUSGABE	€	AUSGABE	€	AUSGABE	€	AUSGABE	€

SUMME: _____   _____   _____   _____

GESAMT: ☐

_____'s AUSGABEN

TAG	LEBENSERHALTUNG		FREIZEIT		MOBILITAT		SONSTIGES	
	AUSGABE	€	AUSGABE	€	AUSGABE	€	AUSGABE	€

SUMME: _____   _____   _____   _____

GESAMT: ☐

_____'s AUSGABEN

TAG	LEBENSERHALTUNG		FREIZEIT		MOBILITAT		SONSTIGES	
	AUSGABE	€	AUSGABE	€	AUSGABE	€	AUSGABE	€

SUMME: _____ _____ _____ _____

GESAMT: ☐

_____'s AUSGABEN

TAG	LEBENSERHALTUNG		FREIZEIT		MOBILITÄT		SONSTIGES	
	AUSGABE	€	AUSGABE	€	AUSGABE	€	AUSGABE	€

SUMME: ___ ___ ___ ___

GESAMT: ☐

_____'s AUSGABEN

TAG	LEBENSERHALTUNG		FREIZEIT		MOBILITÄT		SONSTIGES	
	AUSGABE	€	AUSGABE	€	AUSGABE	€	AUSGABE	€

SUMME: _____   _____   _____   _____

GESAMT: ☐

_____'s AUSGABEN

TAG	LEBENSERHALTUNG		FREIZEIT		MOBILITÄT		SONSTIGES	
	AUSGABE	€	AUSGABE	€	AUSGABE	€	AUSGABE	€

SUMME: _____ _____ _____ _____

GESAMT:

_____'s AUSGABEN

TAG	LEBENSERHALTUNG		FREIZEIT		MOBILITAT		SONSTIGES	
	AUSGABE	€	AUSGABE	€	AUSGABE	€	AUSGABE	€

SUMME: _____ _____ _____ _____

GESAMT:

_____'s AUSGABEN

TAG	LEBENSERHALTUNG		FREIZEIT		MOBILITÄT		SONSTIGES	
	AUSGABE	€	AUSGABE	€	AUSGABE	€	AUSGABE	€

SUMME: _____   _____   _____   _____

GESAMT:

_____'s AUSGABEN

TAG	LEBENSERHALTUNG		FREIZEIT		MOBILITÄT		SONSTIGES	
	AUSGABE	€	AUSGABE	€	AUSGABE	€	AUSGABE	€

SUMME: _____   _____   _____   _____

GESAMT: ☐

_____'s AUSGABEN

TAG	LEBENSERHALTUNG		FREIZEIT		MOBILITAT		SONSTIGES	
	AUSGABE	€	AUSGABE	€	AUSGABE	€	AUSGABE	€

SUMME: _____ _____ _____ _____

GESAMT:

_____'s AUSGABEN

TAG	LEBENSERHALTUNG		FREIZEIT		MOBILITAT		SONSTIGES	
	AUSGABE	€	AUSGABE	€	AUSGABE	€	AUSGABE	€

SUMME: _____   _____   _____   _____

GESAMT:

_____'s AUSGABEN

TAG	LEBENSERHALTUNG		FREIZEIT		MOBILITÄT		SONSTIGES	
	AUSGABE	€	AUSGABE	€	AUSGABE	€	AUSGABE	€

SUMME: _____   _____   _____   _____

GESAMT: ☐

_____'s AUSGABEN

TAG	LEBENSERHALTUNG		FREIZEIT		MOBILITAT		SONSTIGES	
	AUSGABE	€	AUSGABE	€	AUSGABE	€	AUSGABE	€

SUMME: _____ _____ _____ _____

GESAMT:

_____ 's AUSGABEN

TAG	LEBENSERHALTUNG		FREIZEIT		MOBILITAT		SONSTIGES	
	AUSGABE	€	AUSGABE	€	AUSGABE	€	AUSGABE	€

SUMME: _____ _____ _____ _____

GESAMT:

_____'s AUSGABEN

TAG	LEBENSERHALTUNG		FREIZEIT		MOBILITAT		SONSTIGES	
	AUSGABE	€	AUSGABE	€	AUSGABE	€	AUSGABE	€

SUMME:

GESAMT:

_____'s AUSGABEN

TAG	LEBENSERHALTUNG		FREIZEIT		MOBILITAT		SONSTIGES	
	AUSGABE	€	AUSGABE	€	AUSGABE	€	AUSGABE	€

SUMME: _____ _____ _____ _____

GESAMT:

_____'s AUSGABEN

TAG	LEBENSERHALTUNG		FREIZEIT		MOBILITÄT		SONSTIGES	
	AUSGABE	€	AUSGABE	€	AUSGABE	€	AUSGABE	€

SUMME: _____   _____   _____   _____

GESAMT: [   ]

_____'s AUSGABEN

TAG	LEBENSERHALTUNG		FREIZEIT		MOBILITÄT		SONSTIGES	
	AUSGABE	€	AUSGABE	€	AUSGABE	€	AUSGABE	€

SUMME: _____   _____   _____   _____

GESAMT:

_____'s AUSGABEN

TAG	LEBENSERHALTUNG		FREIZEIT		MOBILITAT		SONSTIGES	
	AUSGABE	€	AUSGABE	€	AUSGABE	€	AUSGABE	€

SUMME: _____   _____   _____   _____

GESAMT:

_____'s AUSGABEN

TAG	LEBENSERHALTUNG		FREIZEIT		MOBILITÄT		SONSTIGES	
	AUSGABE	€	AUSGABE	€	AUSGABE	€	AUSGABE	€

SUMME:

GESAMT:

_____'s AUSGABEN

TAG	LEBENSERHALTUNG		FREIZEIT		MOBILITÄT		SONSTIGES	
	AUSGABE	€	AUSGABE	€	AUSGABE	€	AUSGABE	€

SUMME: _____ _____ _____ _____

GESAMT:

_____'s AUSGABEN

TAG	LEBENSERHALTUNG		FREIZEIT		MOBILITAT		SONSTIGES	
	AUSGABE	€	AUSGABE	€	AUSGABE	€	AUSGABE	€

SUMME: _____ _____ _____ _____

GESAMT: [   ]

_____'s AUSGABEN

TAG	LEBENSERHALTUNG	€	FREIZEIT	€	MOBILITÄT	€	SONSTIGES	€

SUMME: _____   _____   _____   _____

GESAMT:

_____'s AUSGABEN

TAG	LEBENSERHALTUNG		FREIZEIT		MOBILITAT		SONSTIGES	
	AUSGABE	€	AUSGABE	€	AUSGABE	€	AUSGABE	€

SUMME: _____ _____ _____ _____

GESAMT:

_____'s AUSGABEN

TAG	LEBENSERHALTUNG		FREIZEIT		MOBILITAT		SONSTIGES	
	AUSGABE	€	AUSGABE	€	AUSGABE	€	AUSGABE	€

SUMME: _____   _____   _____   _____

GESAMT:

_____'s AUSGABEN

TAG	LEBENSERHALTUNG		FREIZEIT		MOBILITÄT		SONSTIGES	
	AUSGABE	€	AUSGABE	€	AUSGABE	€	AUSGABE	€

SUMME: _____   _____   _____   _____

GESAMT: ☐

_____'s AUSGABEN

TAG	LEBENSERHALTUNG		FREIZEIT		MOBILITAT		SONSTIGES	
	AUSGABE	€	AUSGABE	€	AUSGABE	€	AUSGABE	€

SUMME: _____ _____ _____ _____

GESAMT:

_____'s AUSGABEN

TAG	LEBENSERHALTUNG		FREIZEIT		MOBILITAT		SONSTIGES	
	AUSGABE	€	AUSGABE	€	AUSGABE	€	AUSGABE	€

SUMME: _____   _____   _____   _____

GESAMT: ☐

_____'s AUSGABEN

TAG	LEBENSERHALTUNG		FREIZEIT		MOBILITAT		SONSTIGES	
	AUSGABE	€	AUSGABE	€	AUSGABE	€	AUSGABE	€

SUMME:

GESAMT:

_____'s AUSGABEN

TAG	LEBENSERHALTUNG		FREIZEIT		MOBILITAT		SONSTIGES	
	AUSGABE	€	AUSGABE	€	AUSGABE	€	AUSGABE	€

SUMME: _____ _____ _____ _____

GESAMT: [   ]

_____'s AUSGABEN

TAG	LEBENSERHALTUNG		FREIZEIT		MOBILITAT		SONSTIGES	
	AUSGABE	€	AUSGABE	€	AUSGABE	€	AUSGABE	€

SUMME: _____   _____   _____   _____

GESAMT:

_____'s AUSGABEN

TAG	LEBENSERHALTUNG		FREIZEIT		MOBILITAT		SONSTIGES	
	AUSGABE	€	AUSGABE	€	AUSGABE	€	AUSGABE	€

SUMME: _____   _____   _____   _____

GESAMT:

_____'s AUSGABEN

TAG	LEBENSERHALTUNG		FREIZEIT		MOBILITÄT		SONSTIGES	
	AUSGABE	€	AUSGABE	€	AUSGABE	€	AUSGABE	€

SUMME: _____   _____   _____   _____

GESAMT: [   ]

_____'s AUSGABEN

TAG	LEBENSERHALTUNG		FREIZEIT		MOBILITAT		SONSTIGES	
	AUSGABE	€	AUSGABE	€	AUSGABE	€	AUSGABE	€

SUMME: _____ _____ _____ _____

GESAMT:

_____'s AUSGABEN

TAG	LEBENSERHALTUNG		FREIZEIT		MOBILITAT		SONSTIGES	
	AUSGABE	€	AUSGABE	€	AUSGABE	€	AUSGABE	€

SUMME: _____   _____   _____   _____

GESAMT: _____

_____'s AUSGABEN

TAG	LEBENSERHALTUNG		FREIZEIT		MOBILITAT		SONSTIGES	
	AUSGABE	€	AUSGABE	€	AUSGABE	€	AUSGABE	€

SUMME:

GESAMT:

_____'s AUSGABEN

TAG	LEBENSERHALTUNG		FREIZEIT		MOBILITAT		SONSTIGES	
	AUSGABE	€	AUSGABE	€	AUSGABE	€	AUSGABE	€

SUMME: _____ _____ _____ _____

GESAMT: ☐

_____'s AUSGABEN

TAG	LEBENSERHALTUNG		FREIZEIT		MOBILITAT		SONSTIGES	
	AUSGABE	€	AUSGABE	€	AUSGABE	€	AUSGABE	€

SUMME: _____ _____ _____ _____

GESAMT:

_____'s AUSGABEN

TAG	LEBENSERHALTUNG		FREIZEIT		MOBILITAT		SONSTIGES	
	AUSGABE	€	AUSGABE	€	AUSGABE	€	AUSGABE	€

SUMME:

GESAMT:

_____'s AUSGABEN

TAG	LEBENSERHALTUNG		FREIZEIT		MOBILITAT		SONSTIGES	
	AUSGABE	€	AUSGABE	€	AUSGABE	€	AUSGABE	€

SUMME: _____   _____   _____   _____

GESAMT: ☐

_____'s AUSGABEN

TAG	LEBENSERHALTUNG		FREIZEIT		MOBILITAT		SONSTIGES	
	AUSGABE	€	AUSGABE	€	AUSGABE	€	AUSGABE	€

SUMME: _____   _____   _____   _____

GESAMT:

_____'s AUSGABEN

TAG	LEBENSERHALTUNG		FREIZEIT		MOBILITAT		SONSTIGES	
	AUSGABE	€	AUSGABE	€	AUSGABE	€	AUSGABE	€

SUMME: _____   _____   _____   _____

GESAMT: [   ]

_____'s AUSGABEN

TAG	LEBENSERHALTUNG		FREIZEIT		MOBILITAT		SONSTIGES	
	AUSGABE	€	AUSGABE	€	AUSGABE	€	AUSGABE	€

SUMME: _____ _____ _____ _____

GESAMT:

_____'s AUSGABEN

TAG	LEBENSERHALTUNG		FREIZEIT		MOBILITÄT		SONSTIGES	
	AUSGABE	€	AUSGABE	€	AUSGABE	€	AUSGABE	€

SUMME: _____ _____ _____ _____

GESAMT: [　　　]

_____'s AUSGABEN

TAG	LEBENSERHALTUNG		FREIZEIT		MOBILITÄT		SONSTIGES	
	AUSGABE	€	AUSGABE	€	AUSGABE	€	AUSGABE	€

SUMME: _____ _____ _____ _____

GESAMT:

_____'s AUSGABEN

TAG	LEBENSERHALTUNG		FREIZEIT		MOBILITAT		SONSTIGES	
	AUSGABE	€	AUSGABE	€	AUSGABE	€	AUSGABE	€

SUMME: _____ _____ _____ _____

GESAMT: ☐

_____'s AUSGABEN

TAG	LEBENSERHALTUNG		FREIZEIT		MOBILITAT		SONSTIGES	
	AUSGABE	€	AUSGABE	€	AUSGABE	€	AUSGABE	€

SUMME: _____   _____   _____   _____

GESAMT:

_____'s AUSGABEN

TAG	LEBENSERHALTUNG		FREIZEIT		MOBILITAT		SONSTIGES	
	AUSGABE	€	AUSGABE	€	AUSGABE	€	AUSGABE	€

SUMME: _____ _____ _____ _____

GESAMT: ☐

_____ 's AUSGABEN

TAG	LEBENSERHALTUNG		FREIZEIT		MOBILITAT		SONSTIGES	
	AUSGABE	€	AUSGABE	€	AUSGABE	€	AUSGABE	€

SUMME: _____ _____ _____ _____

GESAMT:

_____'s AUSGABEN

TAG	LEBENSERHALTUNG		FREIZEIT		MOBILITAT		SONSTIGES	
	AUSGABE	€	AUSGABE	€	AUSGABE	€	AUSGABE	€

SUMME: _____ _____ _____ _____

GESAMT:

_____'s AUSGABEN

TAG	LEBENSERHALTUNG		FREIZEIT		MOBILITAT		SONSTIGES	
	AUSGABE	€	AUSGABE	€	AUSGABE	€	AUSGABE	€

SUMME: _____   _____   _____   _____

GESAMT:

_____'s AUSGABEN

TAG	LEBENSERHALTUNG		FREIZEIT		MOBILITAT		SONSTIGES	
	AUSGABE	€	AUSGABE	€	AUSGABE	€	AUSGABE	€

SUMME: _____   _____   _____   _____

GESAMT:

_____'s AUSGABEN

TAG	LEBENSERHALTUNG		FREIZEIT		MOBILITAT		SONSTIGES	
	AUSGABE	€	AUSGABE	€	AUSGABE	€	AUSGABE	€

SUMME: _____ _____ _____ _____

GESAMT:

_____'s AUSGABEN

TAG	LEBENSERHALTUNG		FREIZEIT		MOBILITAT		SONSTIGES	
	AUSGABE	€	AUSGABE	€	AUSGABE	€	AUSGABE	€

SUMME: _____   _____   _____   _____

GESAMT: ☐

_____'s AUSGABEN

TAG	LEBENSERHALTUNG		FREIZEIT		MOBILITÄT		SONSTIGES	
	AUSGABE	€	AUSGABE	€	AUSGABE	€	AUSGABE	€

SUMME:

GESAMT:

_____'s AUSGABEN

TAG	LEBENSERHALTUNG		FREIZEIT		MOBILITÄT		SONSTIGES	
	AUSGABE	€	AUSGABE	€	AUSGABE	€	AUSGABE	€

SUMME: _____ _____ _____ _____

GESAMT:

_____'s AUSGABEN

TAG	LEBENSERHALTUNG		FREIZEIT		MOBILITAT		SONSTIGES	
	AUSGABE	€	AUSGABE	€	AUSGABE	€	AUSGABE	€

SUMME: _____ _____ _____ _____

GESAMT: ☐

Impressum

© 2019 Nicole Gürtler

Franz-Mehring-Str. 42, 17489 Greifswald

1. Auflage

Das Werk, einschließlich seiner Teile, ist urheberrechtlich geschützt. Jede Verwertung ist ohne Zustimmung des Verlages und des Autors unzulässig. Dies gilt insbesondere für die elektronische oder sonstige Vervielfältigung, Übersetzung, Verbreitung und öffentliche Zugänglichmachung.

www.ingramcontent.com/pod-product-compliance
Lightning Source LLC
Chambersburg PA
CBHW080604220526
45466CB00010B/3242